渔业行业综合安全素养提升系列丛书

U0687350

渔船安全生产
常见隐患排查图册

浙江省海洋渔业船舶交易服务中心 | 编

中国农业出版社
北　京

图书在版编目（CIP）数据

渔船安全生产常见隐患排查图册 / 浙江省海洋渔业
船舶交易服务中心编. -- 北京：中国农业出版社，
2024.12 (2025.11重印). -- ISBN 978-7-109-32530-2

Ⅰ. U692.7-64

中国国家版本馆CIP数据核字第2024VA7824号

渔船安全生产常见隐患排查图册

YUCHUAN ANQUAN SHENGCHAN CHANGJIAN YINHUAN PAICHA TUCE

中国农业出版社出版

地址：北京市朝阳区麦子店街18号楼

邮编：100125

责任编辑：杨晓改　林维潘

责任校对：吴丽婷

印刷：中农印务有限公司

版次：2024年12月第1版

印次：2025年11月北京第3次印刷

发行：新华书店北京发行所

开本：787mm×1092mm　1/16

印张：4.5

字数：98千字

定价：98.00元

主　编：卢丹萍

副主编：周　卫　　陈崇毅　　王沉平

参　编：申屠煜剑　蒋擎宇　　王　诚　　卢金才

　　　　张江涛　　林君巧　　戚钰柯　　林　玲

　　　　林剑斌　　罗明君　　涂昌剑　　申屠靖凡

　　　　徐丁立

本书编写人员名单

一要自觉遵守安全法规，不要违章违规去作业；
二要保证船舶安全适航，不要带病冒险强出海；
三要坚持联组航行生产，不要单船独来又独往；
四要及时掌握气象动态，不要超风抗浪恋生产；
五要保持通讯联络畅通，不要无故关机断信息；
六要开启防碰定位系统，不要随意关闭怕麻烦；
七要遵守值班瞭望制度，不要疏忽大意酿危害；
八要确保船舶载重稳性，不要超高超载违规定；
九要安全生产珍惜生命，不要违章操作害他人；
十要人人落实安全责任，不要无知无畏误前程。

渔船安全基本要求

浙江省海洋渔业船舶交易服务中心（以下简称"省交易中心"）成立于2010年3月，是在浙江省民政厅登记的民办非企业单位。业务范围包括渔船交易鉴证等配套服务；船舶图纸审查、船舶检验检测服务；船员登记、流转、培训（包含教材销售）等服务；渔业文化等推广服务。省交易中心既是农业部在浙江进行渔船交易服务的试点单位，也是全国首家渔船交易公共平台。省交易中心的成立填补了长期以来我国渔业船舶管理中渔船买卖没有一个公共交易平台的空白，为渔业船舶规范管理和公开公正、合法交易提供了必要条件。

省交易中心以顶层调控、分层管理、基层执行、社会服务为运行机制，在省厅正确领导下，通过"重心下移、力量下沉"的服务工作，提升现代化管理水平，强化非营利性机构的服务支撑作用。目前，省交易中心拥有4个业务科室、3个地方服务站、18个受理点，以及1家专为渔业安全生产管理提供技术综合解决方案的技术服务公司——浙江图安船舶技术服务有限公司。

为做好渔业安全风险防控工作，深化渔业安全警示教育，提升渔业安全管理人员识别隐患和感知风险能力，提高渔业从业人员自查隐患和防控风险能力，推动渔业安全生产治理模式向事前预防转变，坚持"把风险化解在隐患前、把隐患消除在事故前"的理念，进一步完善渔业安全综合治理体系，省交易中心按照浙江省海洋经济发展厅的统一部署，对历年的渔船隐患排查、事故险情、渔船检验等大量数据进行统计和分析，深入研究风险隐患的严重程度和发生可能性，结合浙江省当前实际，编制成"渔业行业综合安全素养提升系列丛书"，力求全面分析出渔船安全生产中常见的隐患点。本册主要讲述渔船上常见的隐患缺陷，以供渔业从业人员、渔业安全管理人员使用。

本图册主要内容包括全船区域、船体外部区域、甲板工作区域、起居处所区域、机舱区域、驾驶甲板区域、罗经甲板区域等位置区域内存在的常见风险隐患点。

渔业安全管理人员、渔业从业人员使用本图册时，除按图索骥参考图册内容，还应符合相关法律法规、标准规范及相关文件要求，若地方相关标准高于此图册要求时，应以地方标准为准。

编者

2024年6月

目录

渔船证书情况须知：

▶ 渔业船舶国籍证书、安全证书（船检证书）、捕捞许可证书需完整有效，船证相符；

▶ 渔业船舶国籍证书、安全证书（船检证书）、捕捞许可证书须在有效期内；

▶ 渔业船舶国籍证书、安全证书（船检证书）、捕捞许可证书不得涂改、污损、缺页。

国籍证书、捕捞许可证书

安全证书（船检证书）

渔船证书情况

船员相关情况须知：

船员相关情况须知

▶ 职务船员配备须满足最低配备标准，普通船员和职务船员均应取得相应等级证书；

▶ 船员证书需随船携带；

▶ 船员证书需在有效期内；

▶ 船员需身体状况良好。

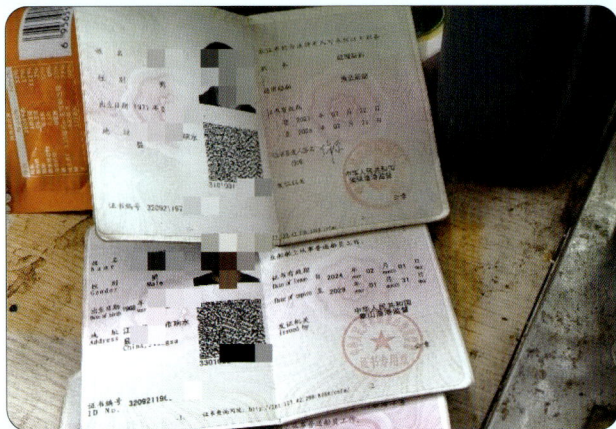

职务船员证书

海洋渔业船舶职务船员最低配备标准		
岗位	船舶类型	最低配员
驾驶	船长≥45米远洋渔业船舶	一级船长1名、一级船副1名、助理船副2名
	船长≥45米非远洋渔业船舶	一级船长1名、一级船副1名、助理船副1名
	36米≤船长<45米	二级船长1名、二级船副1名
	24米≤船长<36米	二级船长1名、助理船副1名
	12米≤船长<24米	三级船长1名、助理船副1名（航次时间不超过24小时的可不配）
轮机	主机总功率≥3000千瓦	一级轮机长1名、一级轮机员1名、助理管轮1名
	750千瓦≤主机总功率<3000千瓦	一级轮机长1名、一级轮机员1名
	450千瓦≤主机总功率<750千瓦	二级轮机长1名、二级轮机员1名
	250千瓦≤主机总功率<450千瓦	二级轮机长1名、助理轮机员1名
	50千瓦≤主机总功率<250千瓦	三级轮机长1名
机电	发电机总功率800千瓦以上	电机员1名，可由持有电机员证书的轮机人员兼任
无线电	远洋渔业船舶	无线电操作员1名，可由持有全球海上遇险和安全系统（GMDSS）无线电操作员证书的驾驶人员兼任
	船长<12米或主机<50千瓦	机驾长1名

海洋渔业船舶职务船员最低配备标准

渔业船员健康标准

一、视力（采用国际视力表及标准检查距离）

1. 驾驶人员：两眼裸视力均0.8以上，或裸视力0.6以上且矫正视力1.0以上；

2. 轮机人员：两眼裸视力均0.6以上，或裸视力0.4以上且矫正视力0.8以上。

二、辨色力

1. 驾驶人员：辨色力完全正常；

2. 其他渔业船员：无红绿色盲。

三、听力

双耳均能听清50厘米距离的秒表声音。

四、其他

1. 患有精神疾病、影响肢体活动的神经系统疾病、严重损害健康的传染病和可能影响船上正常工作的慢性病的，不得申请渔业船员证书；

2. 肢体运动功能正常；

3. 无线电人员应当口齿清楚。

渔业船员健康标准

进出港须知：

▶ 渔船进港、出港时船东、船长应及时、准确报告船上船员情况及其他情况。

渔船进出港报告核查（图片来自"浙渔安"）

航行前安全须知：

▶ 航行前确保船舶适航、船员适任；

▶ 航行前应检查航行设备、通导设备、机舱机器，使其符合要求，并保持良好状态；

▶ 出航前应注意收听气象预报，不能超风级出海作业；

▶ 出航前还应确保消防、救生设备有效配备。渔船上救生筏应正确安装，并使用静水压力释放器，严禁用绳索进行捆绑；

▶ 渔船出海作业必须编队（组）作业，保持通讯畅通，同出同回，互相照应；

▶ 应熟知各种消防器材、逃生通道、该船渔捞作业要点等安全特征；

▶ 应熟知应急演练、船舶避碰、船员保护、急救处置、安全逃生、防污染等处置措施；

▶ 应熟知值班值守、隐患自查、防中毒、安全用电、消防救生设备设施使用等安全常识。

船员须知

✓ 合格示例

常见位置：船艏，甲板室前部、后部，机舱前部等处。

正确要求：消防栓应保持完好，能正常使用。

✗ 常见隐患示例

消防栓无法正常使用：①操作不便；②手轮缺失；③手轮损坏；④受油漆、锈蚀影响拧不动。

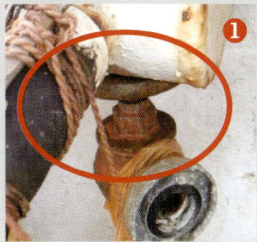

消防栓接头（子母扣）：①破损；②缺失。

消防栓缺失。

消防栓管路支管未安装阀门。

消防栓

消防箱及其配件

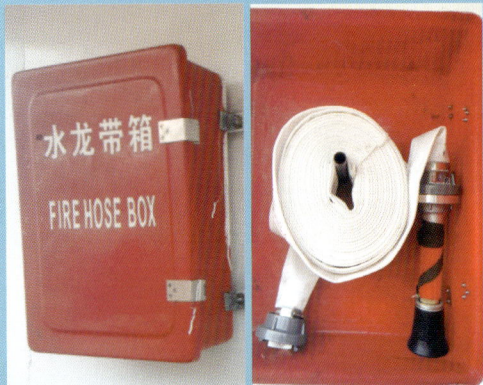

常见位置： 船艏，甲板室前部、后部，机舱前部等处。

正确要求： 消防箱及其配件（水龙带、水枪）外观状态良好，合理放置，并能方便立即取用。

消防箱擅自拆卸。

水龙带、枪头：①缺失；②破损。

水龙带-枪头、水龙带-消防栓接头：①不匹配；②配件缺。

消防箱无法正常开启：①绑扎；②破损。

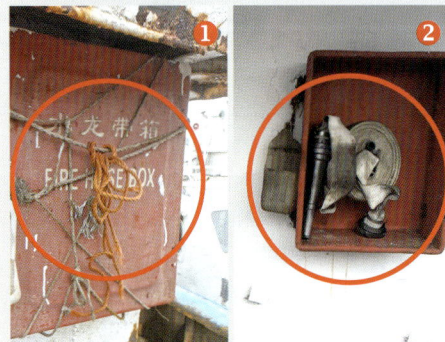

✓ 合格示例

常见位置：机舱、厨房、驾驶室、起居处所等处。

正确要求：灭火器保持良好状态，合理放置并能方便立即取用。

✗ 常见隐患示例

灭火器压力表：①显示欠压（红色）；②无法正常显示压力。

灭火器数量、规格大小不满足证书要求

消防用品	
灭火器种类、容量(L 或kg)及数量	MPZ/ABC5 5kg 7只，MSZ/9 9L 3只
其他	太平斧 2把，沙箱 2只，消防桶 2只

灭火器及配件（皮管、手柄、保险拉环、筒体）：①锈蚀；②缺失、损坏。

灭火器的放置：①灭火器未摆放在适当区域；②未张贴明显标识。

灭火器

救生衣

✓ 合格示例

常见位置：驾驶室、起居处所等处。

正确要求：救生衣及其配件保持良好状态并合理存放在易于随时取用的区域。

✗ 常见隐患示例

救生衣未按证书要求配备：①配备数量不足；②浮力等级不满足要求。

核定乘员(人)	10	主机总功率(kW)	330.0
救生设备	主要包括：救生筏1个、救生衣14套、救生圈4个。		

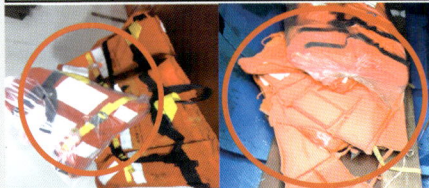

救生衣的放置：①救生衣存放不合理；②未按要求张贴明显标识。

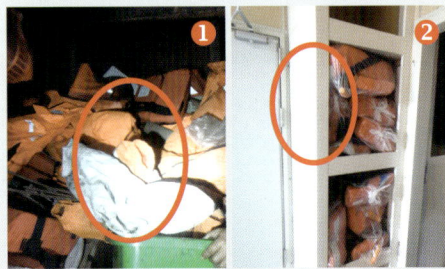

救生衣附件：①缺失；②衣灯不亮、过期、灯泡未装、电池未装。

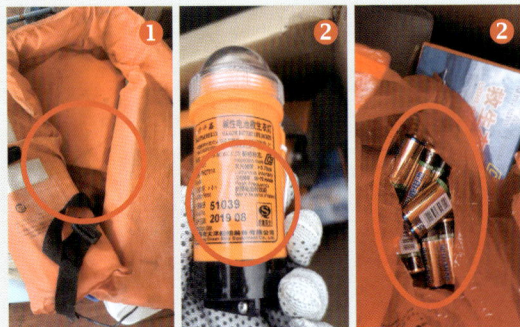

救生衣外观情况：①外观、卡扣、反光带破损；②船名未写或不清晰。

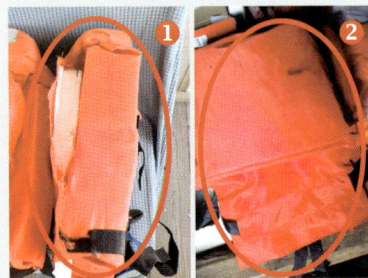

✓ 合格示例

常见位置：罗经甲板、驾驶甲板、主甲板等处。

正确要求：救生圈及其配件可正常使用并合理放置。

✗ 常见隐患示例

救生圈未按证书要求配备。

| 核定乘员(人) | 10 | 主机总功率&W | 330.0 |
| 救生设备 | 主要包括：救生筏1个；救生衣14套；救生圈4个 | | |

救生圈未放置合理区域。

救生圈用绳索绑扎，不能正常使用。

救生圈外观：①破损、反光带缺失；②未正确喷涂船名、船籍港。

附件缺少或过期（浮灯、浮索）。

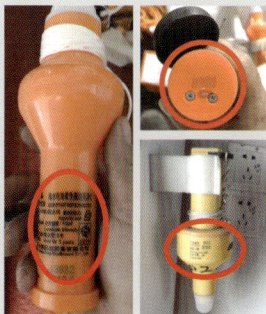

救生圈支架缺失、腐蚀严重，无法正常使用。

救生圈

救生筏未正确安装：①缺失、损坏；②不在有效期内；③未标船名、船籍港；④永久捆绑、未剪除包扎带（包扎带非剪除型除外）。

常见位置：罗经甲板左右两侧、驾驶室后部等处。

正确要求：

①救生筏配备完好，并正确安装，可正常使用；

②静水压力释放器正确安装。

救生筏

静水压力释放器未正确安装：①首缆、易断绳未连接；②安装方向错误。

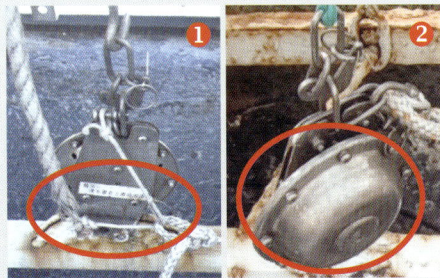

救生筏架：①损坏；②周围杂物网具堆积。

✓ 合格示例

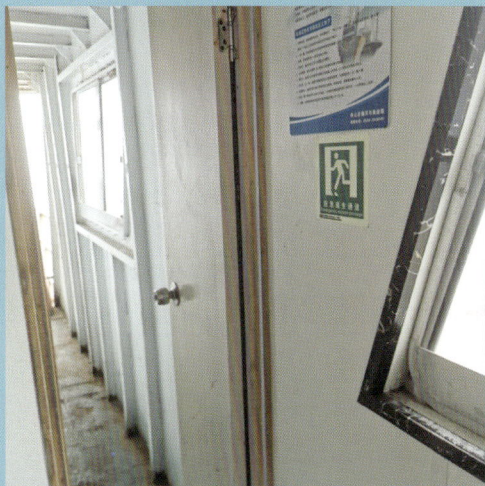

常见位置： 驾驶室、机舱、船员室等处。

常见类型： 通道、梯道、逃生窗等形式。

正确要求： 逃生通道能顺利通行，并有指示标识。

✗ 常见隐患示例

逃生通道堵塞。

逃生门无法正常开启。

逃生口楼梯擅自拆卸，楼梯、梯道腐蚀严重。

逃生窗：①堵塞；②安装位置过高，未安装踏步扶手。

机舱逃生通道应急照明损坏。

未张贴规范的脱险通道标识。

逃
生
通
道

✔ 合格示例

✘ 常见隐患示例

全船电缆及馈电开关

常见位置：全船区域。

正确要求：电缆、馈电开关使用规范，外观良好。

电缆破损、老化、线芯裸露；私搭乱接；杂乱，未有序捆扎。

全船电缆、管子穿舱未封堵。

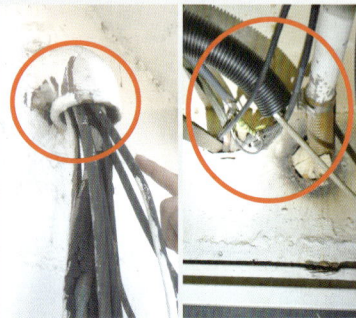

未使用船用电缆，使用双绞线（花线）等普通电线。

违规使用闸刀。

配电箱盖板破损或缺失。

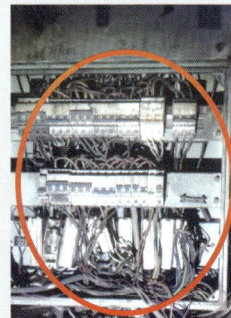

✓ 合格示例

✗ 常见隐患示例

常见位置： 全船区域。

正确要求： 管系、阀门完好，法兰、接头处无渗漏。

管路：①锈蚀严重穿孔；②管路缺失；③管路或法兰渗漏。

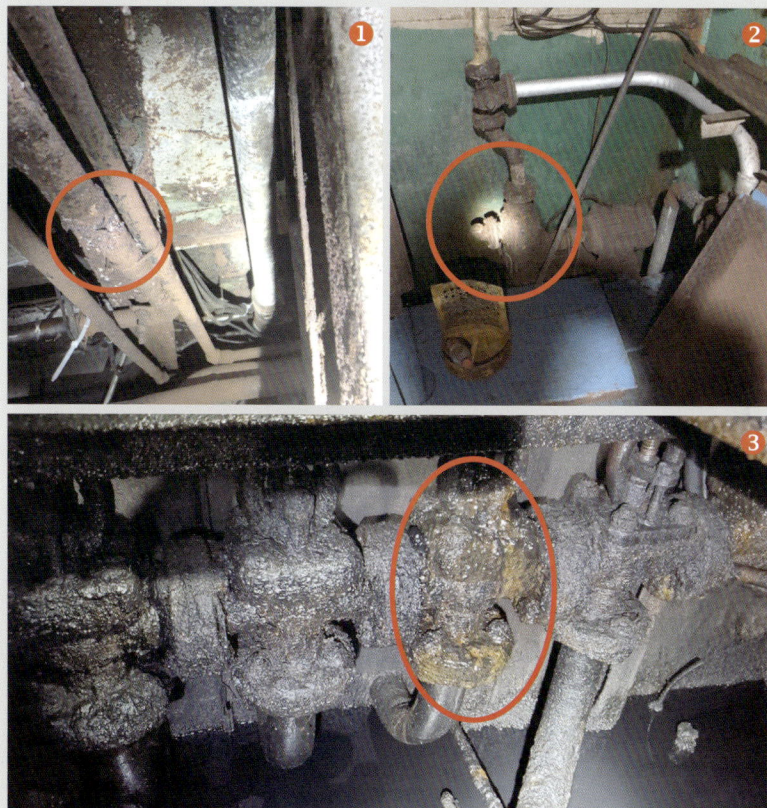

全船管系

✓ 合格示例

✗ 常见隐患示例

照明灯具损坏。

救生筏登乘处所、逃生通道等位置应急照明：①缺失；②灯具被油漆污染。

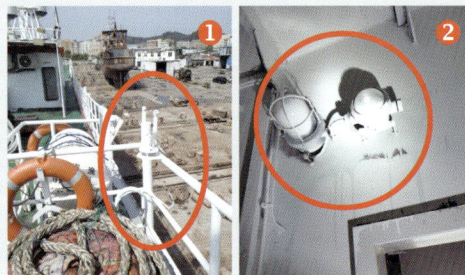

照明灯具未固定。

全船照明

　　常见位置：机舱、鱼舱、逃生通道、起居处所、甲板工作区域、驾驶室、救生筏登乘处所等。

　　正确要求：照明灯具完好、灯具固定安装。

✔ 合格示例

常见位置：全船区域。

正确要求：风雨密门、窗、盖
外观完好无破损，能正常开闭，
能正常锁紧。

✘ 常见隐患示例

风雨密门破损
或无法关闭。

甲板舱（淡水舱、艏尖舱等）舱盖：
①破损；②缺失。

鱼舱盖：①缺失；②木
质盖板无法有效固定。

风雨密窗：①缺失；
②破损。

全船风雨密装置（门、窗、盖）

自动失火报警和探火系统

✓ 合格示例

常见位置：机舱、厨房、驾驶室、起居处所等处。

正确要求：火灾报警系统可正常使用，日常维护保养良好。

✗ 常见隐患示例

火警探头无法正常使用：①损坏；②缺失；③保护盖未移除。

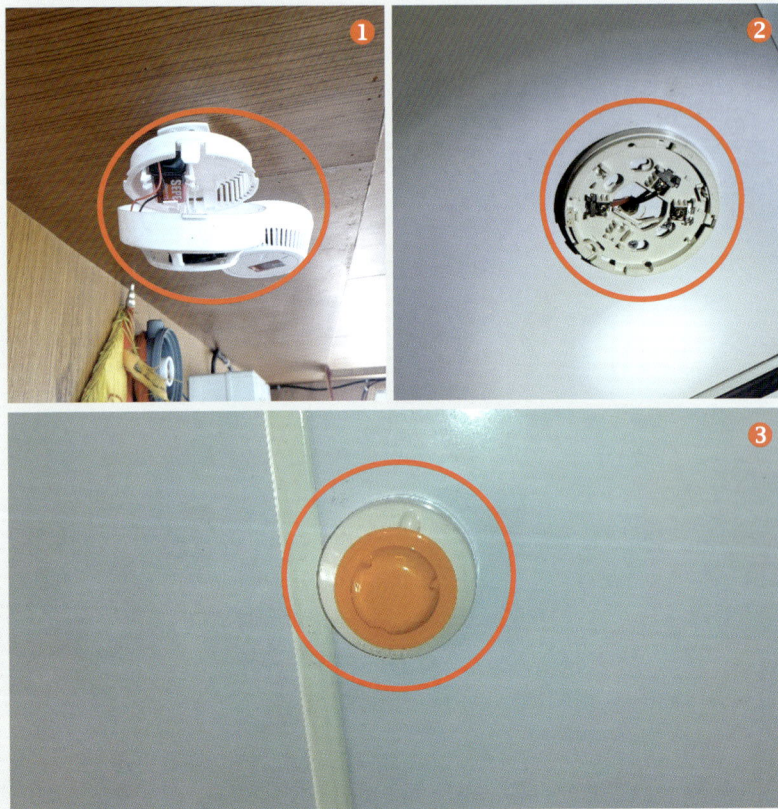

✓ 合格示例

常见位置：机舱（主机、辅机）；舵机间、主甲板尾部（舵机）；主甲板首部（锚绞机）。

正确要求：主机、辅机、舵机、锚绞机应能正常启动运行，运行时无异常振动、发热、漏油、漏水、杂噪声等情况。

✗ 常见隐患示例

主机、辅机、舵机、锚绞机无法正常启动，运行时有异常振动、发热、漏油、漏水、杂噪声等情况。

四种机器（主机、辅机、舵机、锚绞机）

三、船体外部区域

船名、船籍港、船名牌

✔ 合格示例

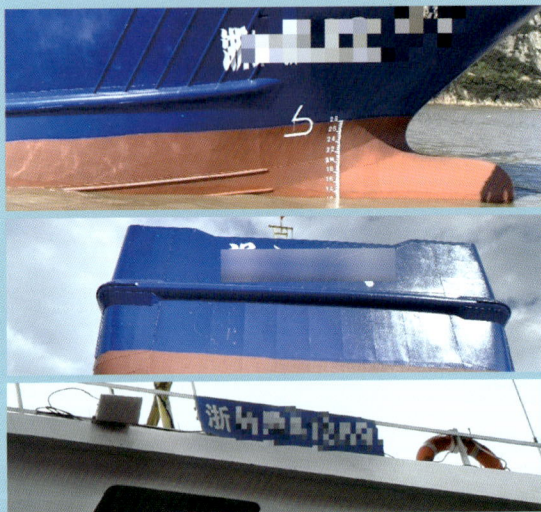

常见位置： 船艏船名、船艉船籍港、罗经甲板两侧船名牌。

正确要求： 船名、船籍港正确标写，船名牌放置合理、清晰可见。

✗ 常见隐患示例

①船名未写；②船籍港未写。

船名牌：①材质不符合要求；②破损、缺失；③污损不清晰；④遮挡。

✓ 合格示例

常见位置：左右舷船中处。

正确要求：载重线标识勘画清晰、方式合理。

✗ 常见隐患示例

超载（水线浸没过载重线）。

载重线标识模糊或标识错误。

❶

❷

载重线

✔ 合格示例

✖ 常见隐患示例

船体外观：①腐蚀穿孔；②破损；③严重变形。

船体外观

常见位置：船体外部区域。

正确要求：船体外观状态良好。

四、甲板工作区域

✓ 合格示例

常见位置： 鱼舱区域。

正确要求： 防撞舱壁、鱼舱、机舱之间的水密舱壁满足水密要求，鱼盘固定隔板支撑完好。

✗ 常见隐患示例

防撞舱壁、鱼舱、机舱之间的水密舱壁不满足水密要求：①擅自开口；②腐蚀。

鱼舱内鱼盘的固定隔板：①支撑损坏；②缺失。

鱼舱结构

鱼舱环境及设施

✓ 合格示例

常见位置： 鱼舱内部、舱底、驾驶室控制台。

正确要求： 按要求配备，并能有效连接固定。

✗ 常见隐患示例

鱼舱内未清洁：①积水严重；②渔获物残余。

水位报警器损坏。

✓ 合格示例

常见位置：鱼舱（报警按钮）；驾驶
室控制台（报警装置）。

正确要求：呼叫装置应能正常工作。

✗ 常见隐患示例

呼叫装置不能正常工作（缺失、损坏）。

冷冻舱

✔ 合格示例

渔捞设备

常见位置：主甲板艏部、艉部、中部。

正确要求：渔捞设备外观良好，可正常使用并合理放置。

✗ 常见隐患示例

渔捞设备腐蚀严重（缆绳；卸扣；吊杆；滑轮）。

网具放置不当。

✓ 合格示例

常见位置：主甲板两侧舷墙处。
正确要求：排水舷口可顺利排水。

✗ 常见隐患示例

排水舷口焊死。

排水舷口堵塞。

排水舷口

✓ 合格示例

✗ 常见隐患示例

常见位置：主甲板。

正确要求：未经审批不得私自加装、改装暂养池或水桶。

私自加装、改装暂养池或水桶。

✓ 合格示例

常见位置：厨房。

正确要求：厨房须满足防火要求，保持结构完整，配备防火门，附近不应存放堆积可燃物料。

✗ 常见隐患示例

厨房围壁不完整，私自拆除或擅自开口破坏原有防火结构，围壁钢板腐蚀严重。

厨房内可燃物堆积。

厨房结构及环境

厨房烹饪设备设施

✓ 合格示例

常见位置：厨房。

正确要求：

①煤气瓶应放置室外独立通风场所，使用合格的煤气管；

②灶具应可靠固定，并配置燃气自动安全关闭装置；

③经营性渔船（休闲渔船等）应安装燃气泄漏报警装置；

④使用合格的电灶，电灶接线应规范；

⑤厨房插座、开关应使用相应防护等级的产品。

✗ 常见隐患示例

煤气瓶摆放、设置不合理，未放在室外独立通风处所。

灶具未可靠固定，未配置燃气自动安全关闭装置。

电灶线路破损、老化、线芯裸露。

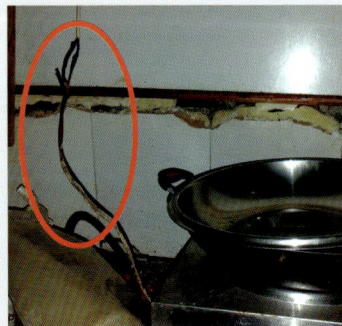

经营性渔船（休闲渔船等）未安装燃气泄漏报警装置。

✓ **合格示例**

✗ **常见隐患示例**

常见位置：起居处所。

正确要求：防火门外观状态良好，可有效关闭。

防火门擅自拆卸。

防火门无法正常使用：①破损；②防火门系固；③门把手破损；④自闭器损坏。

防火门

机舱棚围壁

✔ 合格示例

常见位置：机舱棚。

正确要求：机舱棚围壁应保持完整，外观状态良好。

✘ 常见隐患示例

机舱棚围壁腐蚀严重。

机舱棚围壁擅自开口。

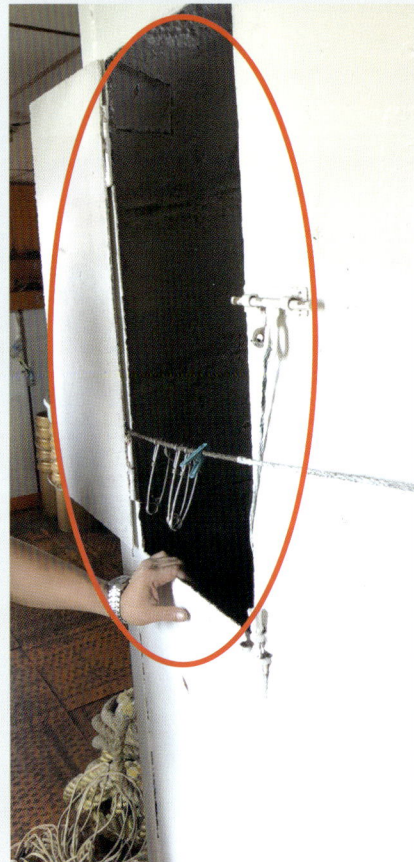

✓ 合格示例

常见位置：机舱舷侧外板。

正确要求：日常保养状态良好，可正常使用。

✗ 常见隐患示例

机舱排舷外阀腐蚀、渗漏。

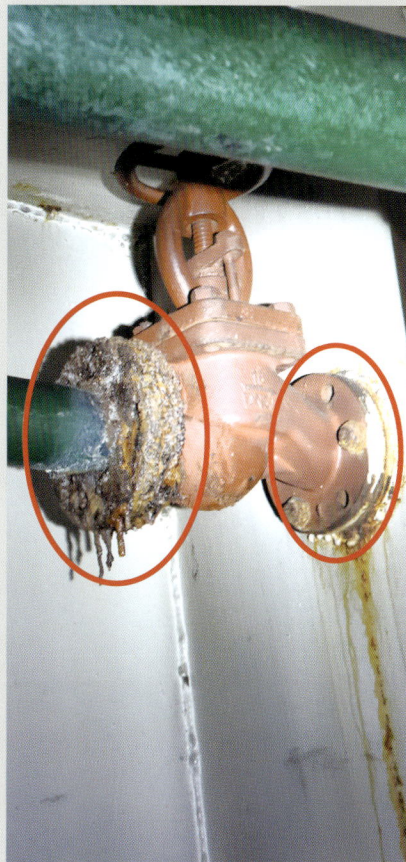

机舱排舷外阀擅自拆卸。

机舱排舷外阀

✔ 合格示例

✘ 常见隐患示例

海底阀

常见位置：机舱。

正确要求：日常保养状态良好，可正常使用。

海底阀无法正常开闭：①腐蚀严重；②手轮缺失。

❶

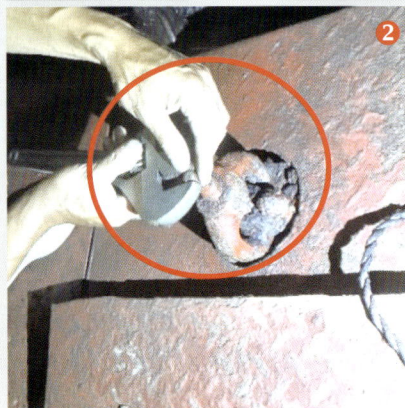

❷

海底阀漏水。

✓ 合格示例

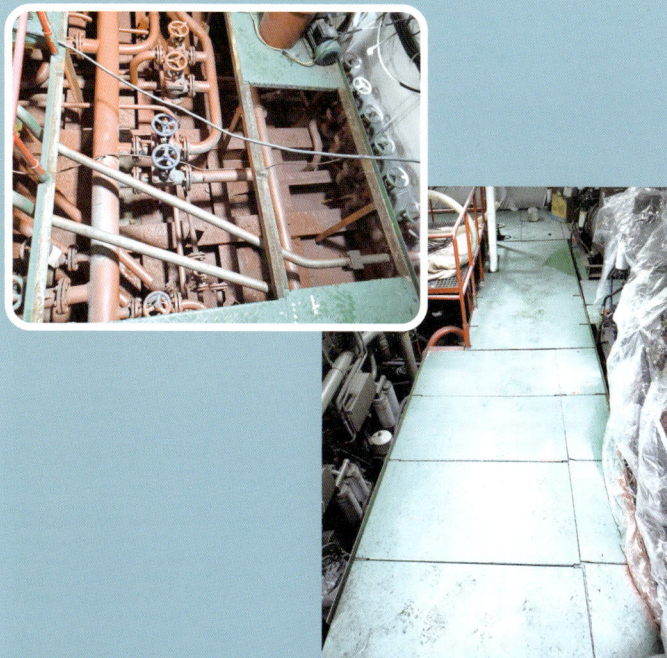

常见位置：机舱底层。

正确要求：机舱底层应无大量积水、积油情况。

✗ 常见隐患示例

机舱底层大量积水、积油。

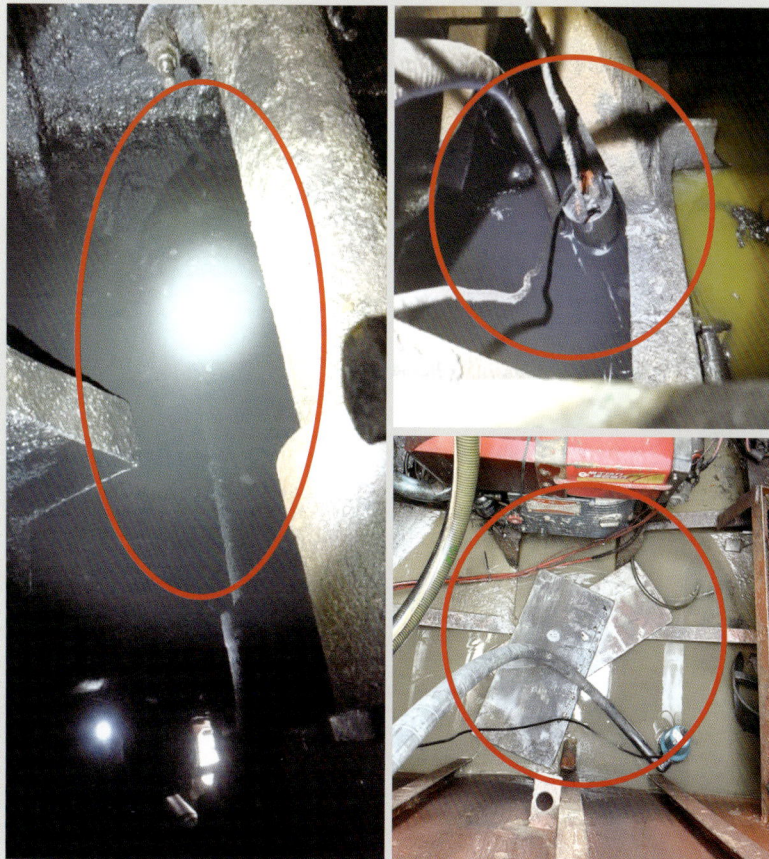

舱底积水、积油

✔ 合格示例

✗ 常见隐患示例

舱底泵、消防泵

常见位置：机舱。
正确要求：日常保养状态良好，外观完整，可正常使用。

舱底泵、消防泵不能正常使用。

舱底泵、消防泵防护设施损坏。

✓ 合格示例

✗ 常见隐患示例

主机排气管未包防火隔热棉。

辅机排气管未包防火隔热棉。

常见位置： 机舱。

正确要求： 主机、辅机排气管表面防火隔热棉外观状态完好。

主机、辅机排气管

✓ 合格示例

✗ 常见隐患示例

水位报警器

常见位置： 机舱前部、后部（探头）；驾驶室（报警面板）。

正确要求： 外观状态完好，安装位置合理，能正常使用。

水位报警探头安装不合理：①未固定；②脱落。

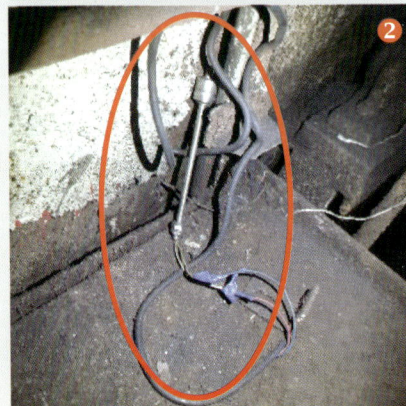

水位报警器无法使用：①控制箱未接线；②探头损坏。

✓ 合格示例

常见位置： 机舱油舱舱壁。

正确要求： 燃油速闭阀外观状态良好，钢丝绳有效连接并延伸至机舱外。

✗ 常见隐患示例

燃油速闭阀配件（钢丝绳、滑轮）被拆卸。

燃油速闭阀钢丝绳未延伸至机舱外。

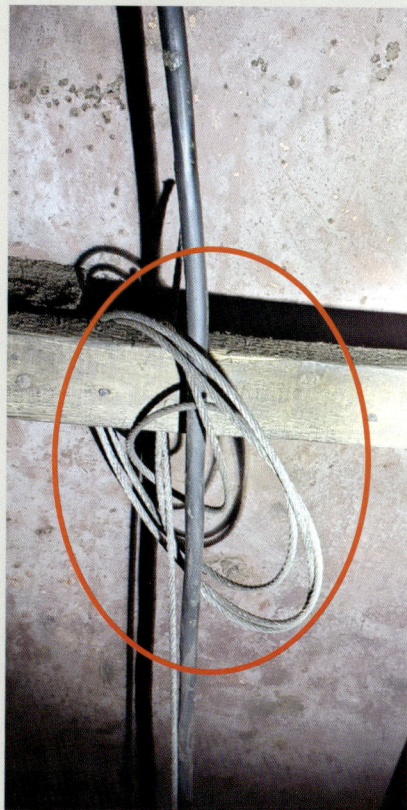

燃油速闭阀

✔ 合格示例

机舱油管

常见位置：机舱。

正确要求：机舱油管（燃油管、液压油管、油柜液位计等）状态良好，无泄漏、腐蚀、破损等现象。

✗ 常见隐患示例

油管漏油。

油管严重腐蚀。

液位计使用塑料管。

液位计污油无法正常读数。

✓ 合格示例

常见位置：机器设备附近。

正确要求：设备转动部件处应有防护装置。

✗ 常见隐患示例

发电机皮带处无防护栏杆。

水泵皮带处无防护栏杆。

轴带发电机皮带处无防护栏杆。

发电机皮带处杂物堆积。

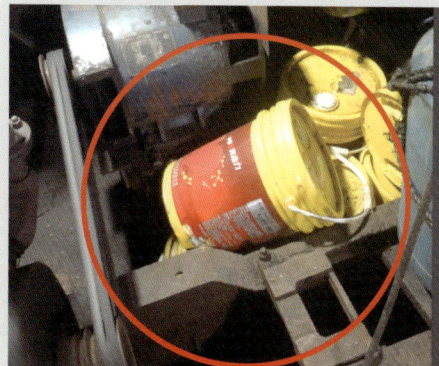

转动部件

✔ 合格示例

✘ 常见隐患示例

地板、楼梯

常见位置：机舱口、机舱通道、地板等处。

正确要求：机舱地板、梯道应保持完整。

地板铺设不完整。

楼梯扶手缺失。

地板及楼梯的踏板、支撑腐蚀严重。

✓ 合格示例

常见位置：机舱区域。

正确要求：机舱不应存放可燃物或易燃易爆物品。

✕ 常见隐患示例

机舱铺设木地板。

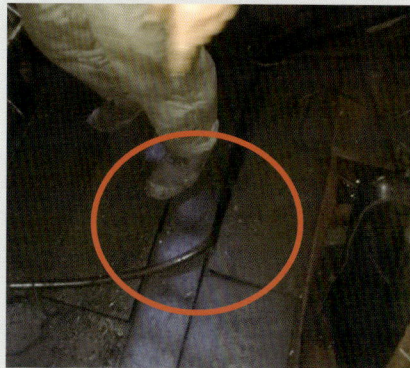

机舱存放油桶、油漆等易燃易爆物品。

机舱存放可燃物。

可燃物管控

机舱电气设备

✓ 合格示例

常见位置：机舱区域。

正确要求：

①配电板、控制箱外观完好，防护良好，布置合理，电缆捆扎整洁有序；

②变压器外观完好；

③发电机外观完好；

④电动机外观完好。

✗ 常见隐患示例

配电板老化、破损，防护盖板缺失，开关负载端私拉乱接，电缆未有序捆扎布置。

发电机防护盖板缺失。

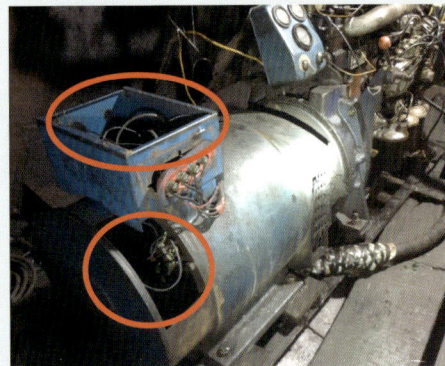

电动机防护盖板缺失，电线裸露。

电动机叶轮防护罩缺失。

✔ 合格示例

常见位置：机舱、冷藏压缩机间。

正确要求：制冷设备处所应设置有效通风装置。

✗ 常见隐患示例

通风装置擅自拆卸。

制冷设备

✔ 合格示例

常见位置：驾驶室驾控台。

正确要求：

①甚高频无线电装置（VHF）正常工作，具有有效的识别码（九位码）；

②甚高频无线电装置正确接入定位信号（北斗或GPS）。

甚高频无线电装置

✗ 常见隐患示例

甚高频无线电装置故障无法工作。

甚高频无线电装置定位信号（北斗或GPS）未接入、识别码（九位码）未输入或输入错误。

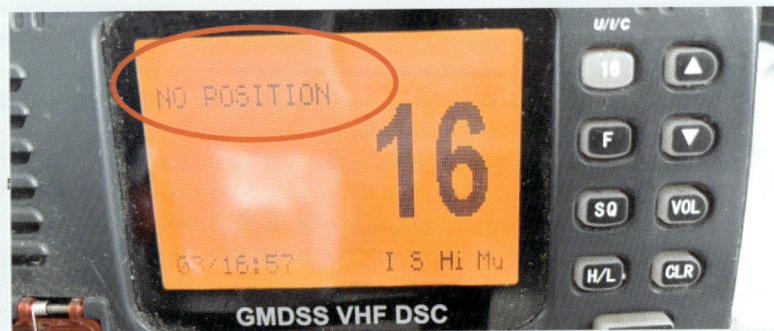

✓ 合格示例

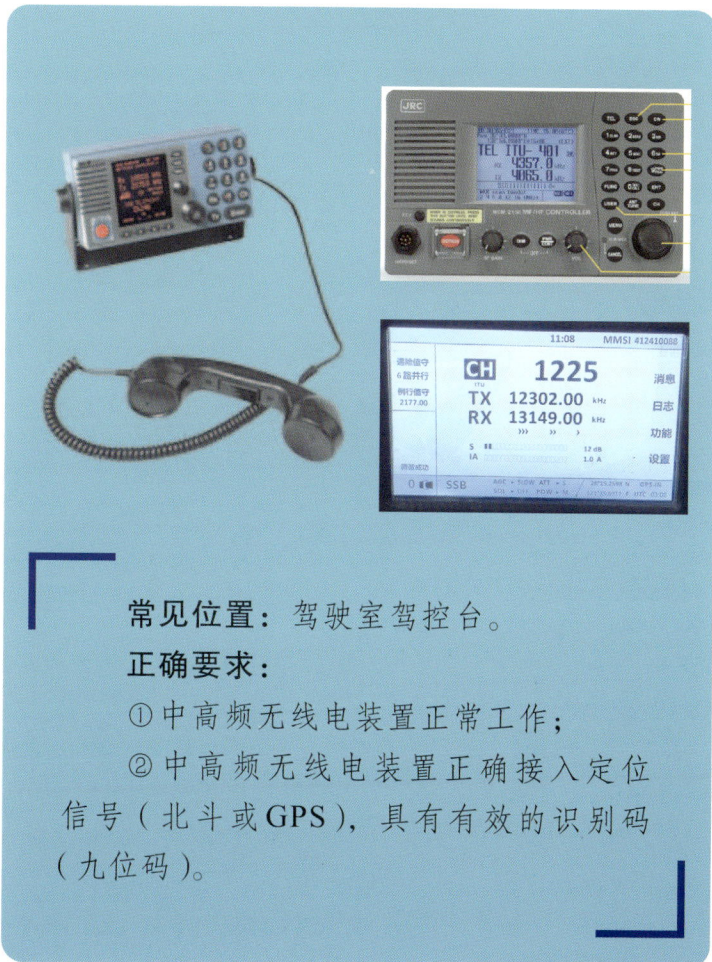

✗ 常见隐患示例

中高频无线电装置故障。

中高频无线电装置定位信号（北斗或GPS）未接入、识别码（九位码）未输入或输入错误。

常见位置：驾驶室驾控台。

正确要求：

①中高频无线电装置正常工作；

②中高频无线电装置正确接入定位信号（北斗或GPS），具有有效的识别码（九位码）。

中高频无线电装置

救生艇筏双向甚高频无线电话

✔ 合格示例

✘ 常见隐患示例

救生艇筏双向甚高频无线电话电池过期。

救生艇筏双向甚高频无线电话未放置在驾驶室随时可用的位置。

常见位置：驾驶室。

正确要求：

①救生艇筏双向甚高频无线电话电池应在有效期内，封装无破损；

②救生艇筏双向甚高频无线电话应放置在驾驶室随时可用的位置。

✓ 合格示例

常见位置：驾驶室通道附近。

正确要求：

①搜救定位装置应正确安装并固定在驾驶室出口位置，便于取用；

②搜救定位装置应在检测有效期内。

✗ 常见隐患示例

搜救定位装置未正确安装并固定在驾驶室出口位置：①装反；②不便于取用。

搜救定位装置未在检测有效期内。

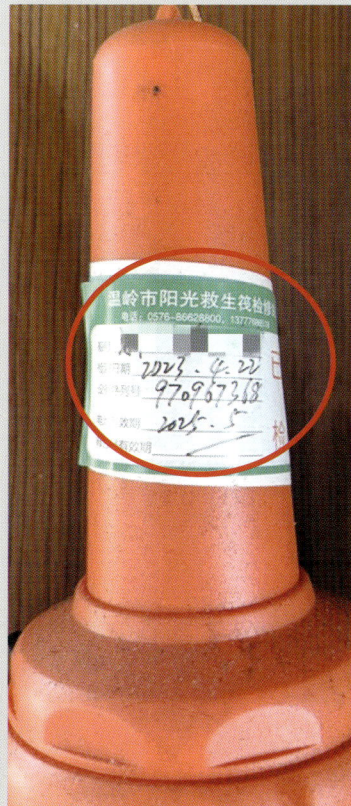

搜救定位装置

✓ **合格示例**

✗ **常见隐患示例**

自动识别系统船载终端

常见位置： 驾驶室驾控台。

正确要求：

①自动识别系统船载终端（AIS）可正常使用，显示的静态信息应与证书信息一致（MMSI、船名等）；

②船舶营运期间(包括航行、作业和锚泊等)，应保持AIS处于常开状态。

AIS显示的静态信息与证书信息不一致（MMSI、船名等），存在"一船多码"。

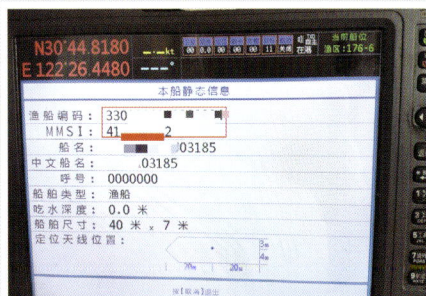

违规关闭、拆卸、破坏、屏蔽AIS。

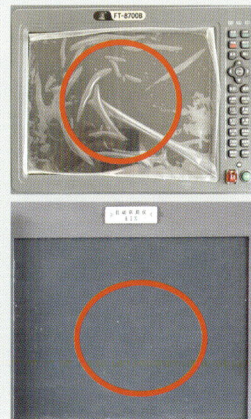

AIS故障，接收或发射不正常。

✔ 合格示例

✗ 常见隐患示例

雷达故障。

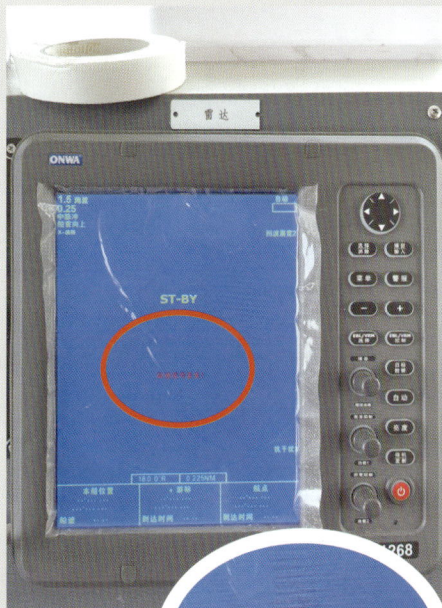

雷达显示的回波不正常。

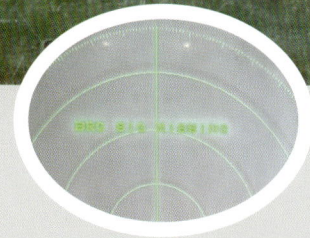

常见位置：驾驶室驾控台。

正确要求：

①雷达应状态良好，保证正常工作；

②雷达应能正确显示回波。

雷达

北斗定位终端

常见位置：驾驶室驾控台。

正确要求：

①船舶营运期间(包括航行、作业和锚泊等)，应保持北斗终端处于常开状态；

②确保一船一码一终端。

违规关闭北斗终端。

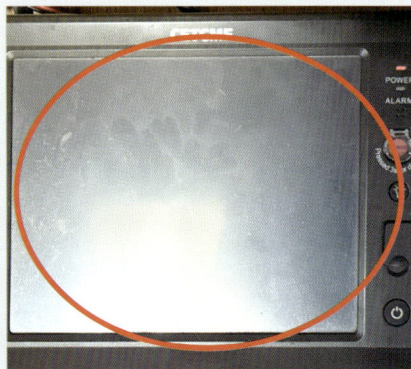

北斗终端ID与登记船舶不符。

破坏、拆卸、屏蔽北斗终端。

✔ 合格示例

常见位置：驾驶室舱壁、驾控台（报警按制器）；机舱、驾驶室、起居处所（报警铃）。

正确要求：

①通用报警系统设备完整；

②通用报警系统正常工作。

✘ 常见隐患示例

通用报警系统设备或电源擅自拆卸。

通用报警系统设备：①故障；②电铃损坏。

通用报警系统

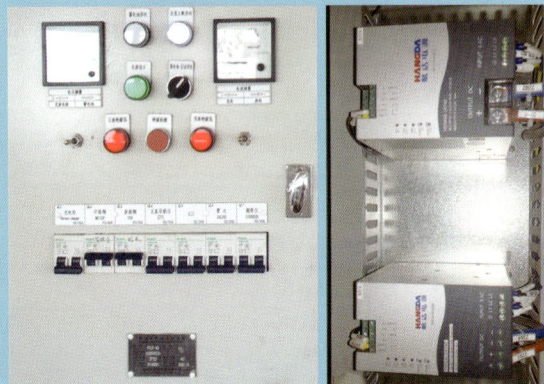

无线电充放电板

✓ 合格示例

常见位置：驾驶室。

正确要求：

①无线电充放电板配套的充电机应能正常工作；

②无线电充放电板未给其他非无线电设备供电；

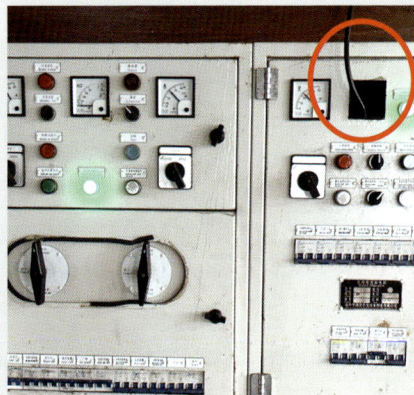

③无线电充放电板供电设备开关铭牌标注清晰。

✗ 常见隐患示例

无线电充放电板配套的充电机擅自拆除。

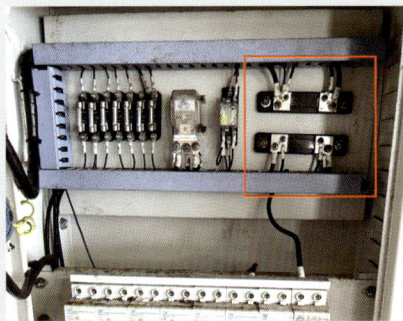

无线电充放电板供电设备开关未张贴铭牌。

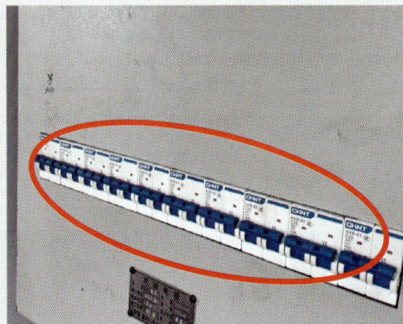

无线电充放电板给其他非无线电设备供电。

✓ 合格示例

常见位置：驾驶室。

正确要求：

①按要求配备火箭降落伞火焰信号，并在有效期内；

②火箭降落伞火焰信号应存放在驾驶室或其附近，存放位置应明显标识，并能方便立即取用。

✗ 常见隐患示例

火箭降落伞火焰信号未配备或配备数量不足。

火箭降落伞火焰信号过期。

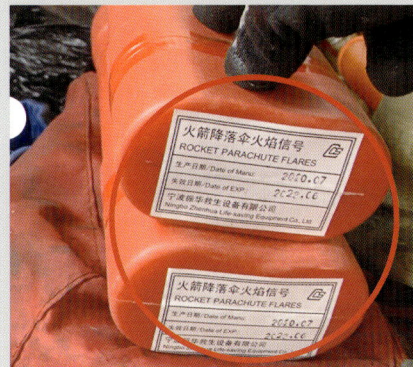

火箭降落伞火焰信号：①随意存放；②存放位置无标识。

火箭降落伞火焰信号

✔ 合格示例

✗ 常见隐患示例

天窗

天窗无法关闭。

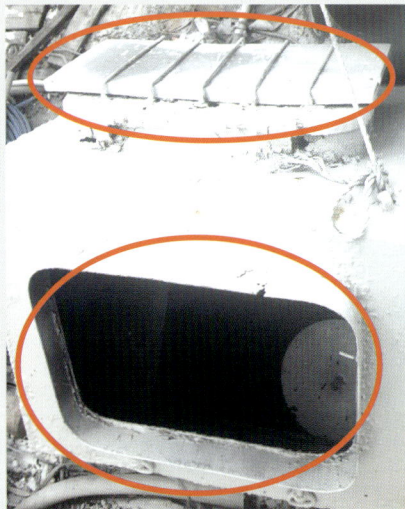

天窗破损、缺失。

常见位置：驾驶甲板尾部。

正确要求：

①天窗外观完整，凡能开启的天窗应能从外部开启、关闭；

②天窗应使用钢质或钢丝增强玻璃材料，镶有玻璃的天窗应设置固定的钢质外盖。

✓ 合格示例

常见位置：甲板室。

正确要求：围壁应保持完整，不得用沥青防水卷材粘补。

✗ 常见隐患示例

围壁腐蚀穿孔，用沥青防水卷材粘补。

舱室钢质围壁

号灯

✓ 合格示例

常见位置：罗经甲板、船艏、船艉。

正确要求：
①按规定要求安装号灯；
②所有号灯应正常工作。

✗ 常见隐患示例

号灯安装不规范：①缺失；②未可靠固定。

号灯不工作：①电缆未接；②损坏。

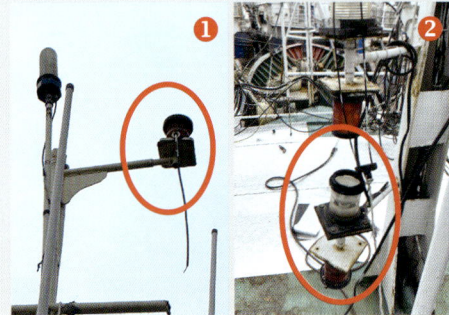

舷灯内侧遮板：①缺失、破损；②颜色非无光黑色。

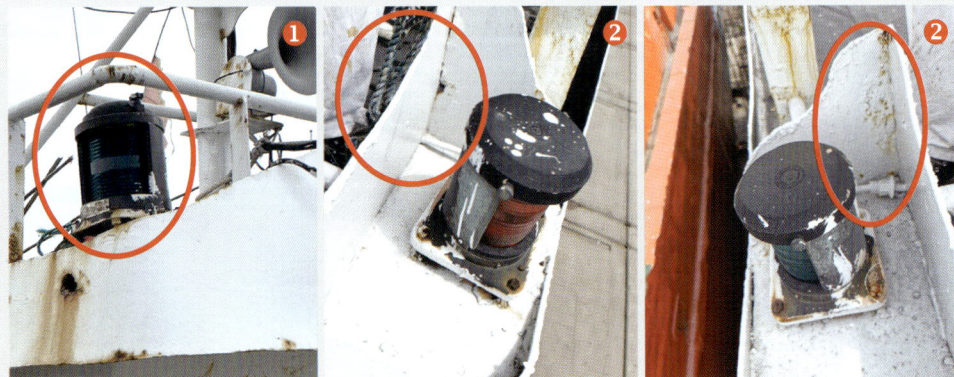

✓ 合格示例

常见位置：罗经甲板、船艏。

正确要求：号型外观良好，按要求配备，作业时悬挂作业球；锚泊时悬挂锚球。

✗ 常见隐患示例

号型规格、颜色不正确。

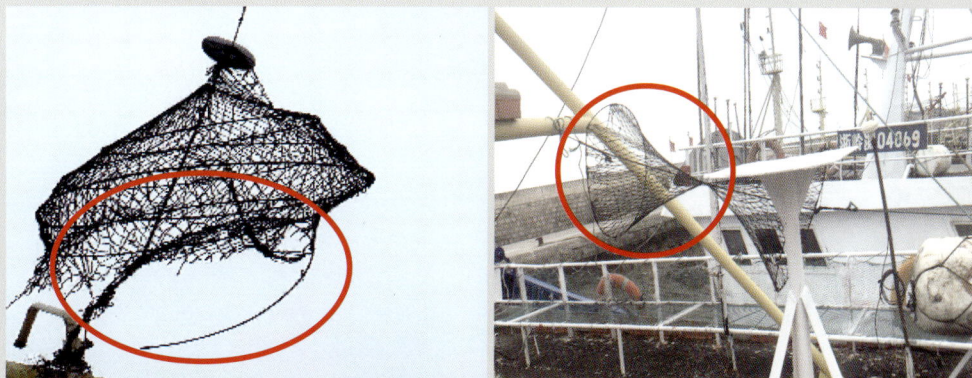

号型破损。

号型

号笛

✓ 合格示例

常见位置：驾驶室（控制器）；罗经甲板上桅杆中部（喇叭）。

正确要求：按规定要求安装，能正常工作。

✗ 常见隐患示例

号笛控制器、喇叭破损，不工作。

号笛喇叭未可靠固定。

✓ 合格示例

电瓶箱
BATTERY BOX

电瓶箱
BATTERY BOX

常见位置：罗经甲板、驾驶甲板后部。

正确要求：配备无线电备用蓄电池，接线完好并可靠固定。

✗ 常见隐患示例

无线电备用蓄电池擅自拆除。

无线电备用蓄电池未接线。

无线电备用蓄电池箱严重破损。

电瓶箱
BATTERY BOX

无线电备用蓄电池箱未可靠固定。

电瓶箱
BATTERY BOX

无线电备用蓄电池

✓ 合格示例

✗ 常见隐患示例

卫星紧急无线电示位标

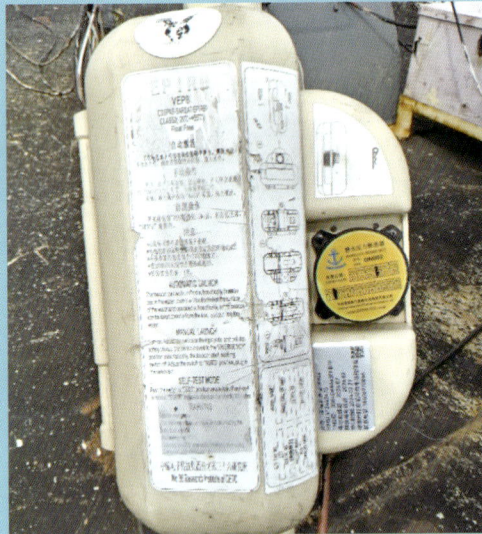

常见位置： 罗经甲板桅杆支撑或栏杆附近。

正确要求： 安装在开敞位置，无捆绑，表面无破损，检测有效。

应急示位标安装不正确：①有障碍物；②捆绑；③未安装开敞甲板。

① ② ③

应急示位标未可靠固定、破损。

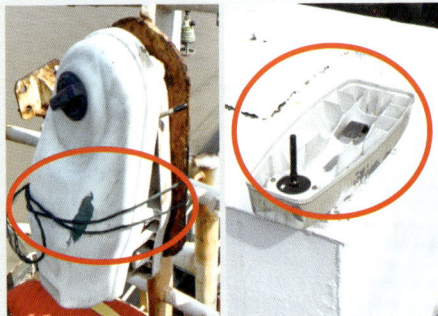

应急示位标不在有效期。

✓ 合格示例

✗ 常见隐患示例

登乘梯缺失或腐蚀严重。

地令缺失或变形严重。

常见位置：救生筏附近、驾驶室后部两侧等处。

正确要求：按要求配备，并能有效连接固定。

登乘梯

061